1　はじめに

　単刀直入に言うが、私はお酒が大好きである[*1]。特に今は、成人してから間もない[*2]ということもあり、「やっとお酒が飲めるようになった」という気持ちが大きいのは事実である。

　それなのにもうお酒のことを語るのか、と思われるかもしれないが、やはりある程度理解が進むと初学者の気持ちがだんだん分からなくなるように、成人したての頃、お酒に対してわくわくしていたことや学校帰りにお酒を選ぶ楽しさは、年を重ねるとお酒が日常に溶け込みすぎるあまり薄れることもあるだろう。ゆえに、お酒の初心者の目線のこの本から、成人したてのあの頃を懐かしく思っていただけたらありがたい。

　そして、私はお酒についての知識があまりない。言ってしまえば付け焼刃な知識しかない。だから、私が実際に飲んでみた結果、単純においしいなと感じたものをおすすめしている。それゆえに、知識をやたらとひけらかしたがるような人はここで読むのをやめることをおすすめする。前述の通り、あくまで初心者目線であるから。

2　成人

　特に未成年は、お酒にはしばしば憧れがちである。私もそうだった。「子供はまだ飲んじゃダメ」、「これは大人の飲み物」と言われるたびに益々飲んでみたいと思いながら子供ビールをあおって、いつか迎えるだろう成人に思いを馳せたことは数知れない。親が参加する飲み会について行ってみたり、誰かのお葬式のときに、お葬式なのに集まった大人が楽しそうに飲んでいるのを見かけたり。その度に、「あの茶色の瓶には何が入っているのだろう」、「あれはジュースとは何が違うのだろうか」などと思っていたのも、今では遠い記憶である。

　私は一人っ子ということもあって、大人たちの中にポツンと子供がいる、という状況を多く経験してきた。しかし、大人数での飲み会はどうしてもあまり得意ではなかった。そんなときに、当時小学生だった私がたまたまテレビで見たのが、いわゆる「トレンディ刑事ドラマ」の一つとして数えられる、「はぐれ刑事純情派」、柴田錬三郎の時代小説をドラマ化した「御家人斬九郎」の再放送であった。前者は、藤田まこと扮する主人公・安浦が

[*1] 飲んでしばらく時間が経つと、頭がふわふわしてくるのが良いなどと言うとおかしい奴だと思われるかもしれないので、そんなことは決して言わないが。

[*2] この本を書いている時点で既に誕生日を迎えているために実は 21 歳になっていることは内緒だが。

眞野あずさ扮するママの営むバーで飲む場面があったり、後者は渡辺謙扮する斬九郎が、船宿で若村麻由美扮する芸者の蔦吉とお酒を飲む場面があったり、子どもながらに憧れが加速したのをよく覚えている[*3]。それ以来、カウンター席のみのバーとか、小料理屋さんだとか、そういった場所に憧れるようになった[*4]。

　それから数年経ち、昨年成人したわけなのだが、20歳の誕生日当日、私はツイキャスをした[*5]。いつもの視聴人数と比較すると非常に多かった記憶がある。そのときは、ハイボール4本、ビール5本、ワイン1本、日本酒、何かのサワーの缶だったと思うが、次章以降に本題であるお酒そのものの話をするにあたって、まずは私がどの程度飲酒が可能なのか、ということについてお話ししたい。

　簡潔に言うと、よく分からないのだが、ひとまず限界値を記憶を無くすこと、体調が悪くなることの二つにざっくりと場合分けしてみる。

　前者については、そもそも経験をしたことがない。なぜかは分からないのだが、恐ろしいことにどれだけ飲んでも記憶を無くすことはない。外で飲んだときにフラフラして手先の動きも覚束なくなっても、どれだけ吐き気との戦いに陥ったとしても、なぜか発言もちゃんとしているし、なんなら家に帰って課題をする、という謎の状況にいつも陥ることが多い[*6]。

　後者については、残念ながら数回経験がある。そのいずれもお腹が緩くなったのだが、だいたいそういったときには、ワイン2本、ウイスキーの角瓶半分、その他缶の甘いお酒やビール数本、といったような編成だったと記憶している。

　といった具合に記述したものの、決して真似だけはしないように。

3　購入場所

　成人してからというもの、学校帰りにドン・キホーテに行き、リュックにお酒を詰めて帰るというのが習慣化してしまったのだが、私のことをお酒に沼らせたのは、強いて言うならドン・キホーテ、そして池袋駅西口のビックカメラである。

　ドン・キホーテは、田舎出身の私でもなんとなくどういうところなのか知ってはいたから、初めて一人でお酒を買うとなったときに、「とりあえず行ってみよう」となったが、いやまさか、ビックカメラにお酒があるとは驚いた。

[*3] 単にどちらの女優さんも好きだからそう思ったんだろ、と言われると否定できない。むしろ藤田まことも渡辺謙も羨まし過ぎる、そこを代わってくれとどれだけ思ったことか。

[*4] やっぱり綺麗な年上の女の人にお酒を注いでもらうのって憧れるよね。

[*5] 「最近はさぼっているじゃないか」、「早くやれ」なんて言わないでね。課題が追いつかないんだ……。

[*6] おかしな言動も全部覚えているってなかなかに恥ずかしい。

東京に引っ越してきてから間もない頃、遊びついでに延長コードを買うために立ち寄ったとき、1フロアの半分くらいがお酒で埋まっていて、今はこんな時代なのかと驚いた記憶がある。実家の一番近くにあったのが、昔ながらの酒屋さんだったし、誰か知り合いのお祝いの時とか、プレゼント用に家族がよくそこでお酒を買っていて、そういう習慣が前時代的だなんて微塵も思っていなかったから、かえって専門店の意義が失われているような気もして、少し寂しいような、そんな気もした。ただやっぱり、どこでも買えるようになったというのは便利になった証拠だし、時代が変化していくのは仕方がないのかな、とも思った。

ところで、他にお酒を購入する場所だが、今はどこのスーパーでもかなりの種類が置いてあるため、普通に晩酌する程度なら家から近いスーパー等で十分だろう。ただ、少し贅沢な物が買いたい、プレゼント用のお酒が買いたいと言う場合には、私は潔くインターネットでの購入を提案することが多い。というのも、相手が普段飲んでいないようなもの、家での食事のときに飲むには高級で手が出ないというようなものは、たいてい自分でも飲んだことが無いというのがよくある話であるため、他人の口コミを参考にするのはやはり有効的な手段である。とはいえ、某マップアプリでは「悪いところを見つけたらレビューを書く」というのが「満足できたとき書き込む」ことに比べて多く、私は参考にすることが少ないのだが、ショッピングサイトも同じで、どの程度信頼できるかは分からないが、少なくとも賛成意見、反対意見どちらも見ることができるのは大きなメリットだろう[7]。

4 おすすめのお酒

私は比較的なんでも飲むため、ジャンル問わず好きなお酒を挙げていきたい。

4.1 ビール

まずはビール（発泡酒含む）。これは本当に挙げるときりがなくて、家でも外出先でも海に行ったときでも、しょっちゅうビールは飲んでいるのだが、あまりに数が多く、これは絞るのにどれだけ時間がかかるか分からないと思ったため、これまでにおいしいと思ったもののうち、ぱっと思いついたもの、ハイネケン、バドワイザー、リンデマンスのランビック、BrewDog パンク IPA 辺りをおすすめしたい。

日本のビールも味が強くておいしいのだが、私はどちらかというと、普段夜ご飯を食べ

---

[7] 私はウィンドウショッピングをしているときに店員に話しかけられることが苦手であるため、どうしてもインターネットに頼りがちである。

るときに飲むことが多いため、あっさりした味のものを好む傾向にある[*8]。お酒に合わせてご飯の味を濃くするということはあまりしない[*9]。

　そこでまず好きになったのが、ハイネケンやバドワイザーだ。どちらもクセがなく、苦みも少ない。また、後味もすっきりしているため、まさにお酒初心者にはもってこいのビールと言えるだろう。この二つは比較的、どのスーパーや酒屋でも容易に購入が可能だ。もっと雰囲気を楽しみたければ、瓶のものを探して購入するのも良いだろう。

　なお、80年代に夏の曲のイメージで人気を博したバンドである杉山清貴＆オメガトライブのアルバム曲『SEXY HALATION』の歌詞に「夜に腰かけて注ぐバドワイザー」という一節があり、その曲の大人っぽい雰囲気と海外のメーカーによるビールということもあって、バドワイザーを一度飲んでみたいと、高校生のときからよく思っていた。

　リンデマンスは歴史が長く、様々なランビックを製造している。ランビックとは、ランビック・ビールのことで、ベルギービールの一つ[*10]に数えられる。あえて香りが飛んだホップを使うのが特徴で、野生の酵母を自然に発酵させるため、醸造所を全く清潔にしない、すなわち掃除をしないというのは、なかなかに珍しいのではないだろうか。

　余談だが、清潔でないのとは少し違うかもしれないが、モランレゼルブアンセストラルというカルヴァドス[*11]があり、これはカビを模していて、ボトル周りに化学繊維が巻いてあるという情報を以前見かけたが、実際に飲んでいる動画を某動画サイトで見た際、手が真っ黒になっていたので、化学繊維で飾られているのかもしれないが、ボトルに大量の貴腐カビもついているのではないだろうかと考えている。飲んだことがある、開封したことがあると言う人は、是非 Twitter で私にご連絡を[*12]。

　ランビックの話に戻って、私は複数種類があるうち、カシスとフランボワーズを飲んだことがあるが、どちらもアルコール度数が 3% から 4% 程とあまり高く無く、そして味も甘い。それに、それぞれのフルーツの味がしっかりしており、ベリー系の味が好きな人にはちょうどよく、逆にビール感は味、風味共にほとんど無い。だから、すぐ酔いが回ってしまう、苦みや辛さが原因でお酒を楽しめないという人にとっては、無理なく飲めるもの

[*8] 勿論外食の際には、単に日本のビールを取り扱っているお店が多いというのと、外で食べるご飯はかなり味が濃いため、日本のビールをよく飲む。

[*9] というか、最近年をとったことで元から胃腸が弱かったことに拍車がかかったのか何なのか、味の濃い物があまり得意では無くなってしまい、某チェーンのファーストフード店で売られている物がほとんど食べられなくなってしまった。

[*10] そう考えるとピルスナーなどとも比較して全く異なっているから、異色なものと言っても良いのではないだろうか。

[*11] フランスのノルマンディー地方のカルヴァドス県やその近隣で造られるアップルブランデーのことで、林檎の果汁を発酵させた醸造酒であるシードルを、またさらに蒸留して熟成させたもの。シードルはまた後述する。

[*12] 私のアカウントは @hiromi_kmnst。いたずら DM は送ってくるなよ！

なのではないかと考えている。ただし、甘いリキュール等と比べると少々酸味があるため、その点は注意してほしい。以前購入した際にはケーキと一緒に食べたが、美味しかった[*13]。成城石井等で入手が可能だが、私が挙げたもの以外の味については、ベルギービールを専門に取り扱っているショッピングサイトもあるため、そちらを参照していただければ恐らく購入できるのではないかと思う。

BrewDog は、スコットランドで創業したブルワリーで、クラフトビール好きなら知らない人はいないというくらい有名だ。最近ではスーパーでも見かける。そのうち、看板であるパンク IPA を紹介したい。IPA[*14]というと、苦みが特徴というのが一般的で、もちろんこれもボディーが重いのだが、そこに加えて柑橘系の風味があるため、さわやかに仕上がっており、飽きが来ない味となっている。また、パッケージもシンプルなデザインながら濃いブルーが印象的で、とても格好いい。

4.2 ワイン

次はワイン。私自身、お酒が飲めるようになるまでは、やはりそれなりの値段の物でないとおいしくないのだろう、と勝手に思っていた。しかし実際はそんなことは無かった。そこで、今回はあえて比較的安価なワインを挙げると、やはりサイゼリヤで提供されているものが良いのではないだろうか。サイゼリヤと聞くと、何かと Twitter で論争になるというか、くだらない話のネタにされて可哀想だな、と常々思っているのだが、私はとても大好きで、よく利用している。よく行く人なら分かると思うが、サイゼリヤは、何と言ってもワインが安い。1000 ml のワインボトルがどれも 1000 円ほどで、どれも飲みやすくておいしい。種類も赤ワイン、白ワイン、スパークリングワイン、ロゼなどといったように充実していて飲み比べもできるし、なによりメニューに甘さや飲みごたえなどの程度が分かりやすく書かれているため、普段ワインをあまり飲まないような人でも選ぶのにあまり困らない。

私がよく飲むのは、ランブルスコロゼ、キャンティ（赤ワイン）だ。ロゼは、甘口で炭酸も強くないため、とても飲みやすくなっている。私はその飲みやすさゆえに、ごくごく稀に[*15]学校が終わってからまだ日も落ちる前に飲むことも多い。私はイタリアンジェラートとの相性がとても良いと思っている。キャンティは、深みがあっておいしいが、辛くて重い。それゆえに私は一人のときには 1 本飲み切ることはほとんどない。しかし、ハ

[*13] 何のケーキだったかって？ もちろん大好きなベリー系のケーキを食べた。キャラ被り？ そんなことは気にするな。

[*14] インディア・ペールエールのこと。18 世紀頃、イギリスからインドにビールを輸送するときに、ビールが腐らないようにホップを大量投入したことが始まりと言われている。

[*15] 本当に、本当に稀だからね？

5

ンバーグやドリアなどとの相性がとてもよい。口が脂っぽくなりそうな料理を注文する際には是非このキャンティを。

　また、何だかサイゼリヤの回し者のような[16]ことを言うが、サイゼリヤは料理も安いしある程度種類があるため、少し飲みたいというときでもがっつり飲みたいというときでも適している。普段居酒屋にしか行かない、という人は是非「サイゼリヤ飲み」も検討していただきたい。

　それから、サイゼリヤ以外のワインも紹介したい。私がおすすめしたいのはMARTINI、甲府ロゼスパークリングだ。

　MARTINIはイタリアンスパークリングワインで、種類がいくつかあるのだが、その中でも白の甘口（マルティーニアスティ・スプマンテ）、辛口（マルティーニブリュット）をそれぞれおすすめしたい。甘口の方は、マスカットのような風味のほかに、メロン、パイナップルのような香り、味も感じられる[17]。単体で楽しんでも、甘いものと一緒に飲んでも、はたまた食事と一緒に飲んでもおいしく頂ける。味が甘いので、どんどん飲めてしまい、私もよくいつの間にか2本くらい飲んでいるなんてこともあるのだが、アルコール度数が7.5%とそこまで低くないため、飲み過ぎには注意が必要だ。また、辛口の方は洋ナシ、林檎のような風味がして、これまた飲みやすい。しかし、こちらの方がアルコール度数が11.5度と高いため、より注意が必要だ。

　甲府ロゼスパークリング[18]は、これまで紹介したワインと比較すると高級で3000円ほどする。その名の通り甲府で作られているのだが、甲府市産の葡萄を2種類使用していて、山梨大学の協力のもとで武田神社で酵母を採取し、甲府ワインポート[19]のワイナリーのドメーヌ久が醸造という徹底ぶり。ピンクゴールドの色味も綺麗だし、キンキンに冷やして飲むとよりおいしい。ワインポート、マツムラ酒販という会社のオンラインショップで購入が可能だ。また、甲府駅周辺の土産物店でも取り扱っている場合がある。

4.3　ウイスキー

　お次はウイスキー。バーボン、ブランデー[20]を最近飲んでいないというのもあるし、無難に角瓶やトリス、フォアローゼズ辺りにも触れておこうと思ったのだが、知人がふるさ

---

[16] 別にそういうわけではない。

[17] ような気がする、というだけで、実際のところあまり自信はない。とにかくフルーティーなんだなと思っていただければ。

[18] また甲府かよ、と思うかもしれないが、やっぱり葡萄の生産で有名なだけあって何を飲んでもおいしいんだもん。

[19] ワイナリーはもちろんのこと、レストランやチャペルなどもある。いつか行きたい。

[20] と言えばフランク永井だよなあ。

と納税をしたそのおこぼれを貰い、先日一度だけ飲んだ、富士山麓というウイスキーがおいしかったため、それに絞ることにした。

富士山麓は、その名の通りラベルにシンプルな富士山のイラストが描かれているのが特徴で、お値段約 5000 円。恐らく、熟成の年数が明記されていないノンエイジウイスキーの一つだろう。富士御殿場蒸留所という所で作られており、受賞歴もある世界的にも認められている蒸留所だ。

ウイスキーは、一般的にはエイジング、つまり長く熟成されたものが高級品、良いウイスキーと思われがちだが、実際にはどうやら原酒や熟成条件によって、最も状態が良くなるようにするためにはどの程度熟成すれば良いのかが全く違うらしい。その熟成期間を過ぎると劣化を始めるようで、ブレンダーが熟成具合をチェックし、年数に拠らずにそれぞれの原酒にとって良いタイミングを見極めて、最も良い状態に熟成されたものをバランスよくブレンドしているようだ。

これまでは、前述のようなものをよく飲んでいたが、一口目の違いにとても驚いた。バーボンのようにまろやかなのにもかかわらず、香ばしくスパイシーで、甘さもある。氷を入れてみたりハイボールにしてみたり色々試したが、個人的にはストレートで飲むのが一番おいしく感じるというか、これ単体の味が良すぎるため、他の要素を加えてしまうと、寧ろ香りが生かされなくなってしまうと思う。

4.4 日本酒

次は日本酒。これは、酒千蔵野(しゅせんくらの)という長野県の蔵元に絞ってお話をしたい。酒千蔵野は、長野県で 1540 年に川中島で創業した。1540 年と言えば、尼子晴久(あまご)[*21]が安芸に侵入し合戦を始めた頃で、後に信濃のほぼ全域を平定する武田信玄も、信濃どころかまだ諏訪すら平定していなかったことを考えると、その歴史の深さは一目瞭然だろう。また、。そんな酒千蔵野のお酒の中でおすすめしたいのは、川中島という純米のにごり酒、同じく川中島の清酒、そしてトレインカップだ。

まず、にごり酒はどうやら蔵元の出荷数の 3 割ほどを占めているそうだ。長野のお米を 65% まで磨き[*22]、純米で仕上げるという徹底ぶり。私はそばを食べるときに一緒に注文した記憶があるのだが、とても甘かった記憶があるので、もっと塩辛いもの、味の濃いものと一緒に飲む方が良いかもしれない。飲んだ感じはとてもとろみがあって、気になって

[*21] 晴久の幼名が三郎四郎で、家康の別名である次郎三郎と似ているため、小学生の頃はなかなか覚えられなかった。

[*22] 編注：精米歩合という。一般的には 70% くらいが多い。米は周辺部ほどタンパク質が多いのだが、このタンパク質は発酵の結果雑味となるため、できるだけ取り除くのが良いお酒を作る基本技であるとされる。

調べたところ、どうやらもろみが丁寧に裏漉しされていることが原因のようだ。どこかどぶろくに似たところがあると思っていたが、そういうことだったのかと納得した。なかなかに味が濃く感じたため、お酒単体をゆっくり飲むのがおすすめだ[23]。

清酒の方は、日本酒サービス研究会主催、「地酒と料理の夕べ、日本酒大賞！」の「お燗でじっくり飲みたいお酒」部門でベスト 6 に輝いたというもの。日本酒度[24]も +7 と辛口だ。また、特別純米酒とラベルに書いてあるのだが、これは 59% 精米をしていて、残りを全て糠にしてしまうという贅沢な磨き方をしていることが理由だ。脂の乗った魚と一緒に飲むと、お酒のおいしさが引き立って最高だ。

そしてトレインカップ。これはもう商品の名前からも想像が容易いと思うのだが、信州にこれまで走っていた電車のパッケージのカップ酒だ。中身は先ほど挙げた川中島のにごり酒、清酒で、味は先ほど紹介した通りだ。また、189 系のあずさ、183 系のあさまなど、マニアにはたまらないラインナップで、電車での旅行にもぴったり！ と言いたいところなのだが、現在は在庫切れのものもあり、人形町の鉄道をテーマにしたカップ酒・缶詰バーの「キハ」、蔵のオンラインショップでしか取り扱いがないため、注意が必要だ。

私自身、小学生の頃から武田信玄が好きで、関連するありとあらゆるものに触れてきた[25]し、上高地に出かけたときに水のきれいさに驚いたこともあった[26]ため、多少晶屓目なところもあるかもしれないが、本当においしいので是非飲んでほしい。

4.5 甘い系

そして、リキュールなどを始めとした甘いお酒も触れておきたい。私がおすすめしたいのは、王道だがルジェのフランボワーズ、スミノフアイス、ニッカのシードル、そしてサイゼリヤで提供されているラコンブリッコラだ。

やっぱりルジェは強くて、何を飲んでもおいしい。お酒を扱うお店でルジェを置いていないところの方がもしかしたら少ないのではないだろうか、というくらい、どこにでもある。甘いお酒らしく、粘度も少々あって、サントリーが売りにしている通り、アイスにかけて食べてもおいしい。また、普通に炭酸水やジュースで割るのもいいが、カルーアミル

---

[23] 私は普段、ついついがぶがぶと飲みがちなため、自戒の念も込めて。

[24] 日本酒の比重を表すもので、水を基準にした場合、糖分などが含まれている量が多ければ多いほど液体自体が重くなるのは分かると思う。そこで、プラスになるほど糖分が少ない、つまり辛口、マイナスになるほど糖分が多い、つまり甘口というように、味の判断基準として使われるもの。

[25] 一週間甲府に泊まって毎日武田神社に行くなどとち狂ったことをしたこともあった。

[26] 普通は川は青く見えるが、上高地では本当に水が透明で、川が浅いのもあるが川底がはっきりと見える。しかし、どうやら地元の人曰く私が行った日がたまたま、なかなかないほど晴れただけだったとか。

クのように牛乳で割るのも、イチゴミルクの様でおいしい。ただし、味や飲みやすさとは裏腹に、アルコール度数が 15% ほどあるため、ハイペースで飲まないようにだけ気を付けていただきたい。あと、とても甘いのでくれぐれもロックで飲まないように。

　次はスミノフアイス。勘違いしている人や、「スミノフ」だけでスミノフアイスのことを言う人も多いと思うので念のため説明しておくが、スミノフというのがウォッカのブランドの名前で、スミノフアイスというのはそれを使ったカクテル飲料のことだ。ロシア人のスミルノフさんが創業したのだが、ロシア革命などともかかわりがあるように、歴史が深い。元々はワイルドグレープ（葡萄味）しか飲まない、グレープが一番、という立場でいたのだが、今更ブリスクレモネード（レモネード味）やスタンダードなものを飲んでみたら、やっぱりおいしくて、今では出先でつい買ってしまうようになった[*27]。

　スミノフアイスは、アルコール度数が 5% と低く、甘いため初心者におすすめできる。赤いラベルのものが定番でレモンの味。どこかアクエリアスやポカリスエットのようなものに似た感じがあるため、すっきりしている。青いラベルのものが前述のレモネード味。これはよりレモンの酸味が際立っていて、まさにアルコールの入ったレモネードという感じ。紫のラベルのものは葡萄味。フレッシュさはないが、香料感が満載で最も酒感があるため、私は好きだ[*28]。

　次はシードル。私は圧倒的にニッカのシードルが好きだ。ニッカが製造し、アサヒが販売しているのだが、国産の林檎のみを使用して作られている。甘口だがさっぱりしていて、飲みやすい。私は、以前別のシードルを飲んだときに、林檎の風味も微妙だし、バランスが何だか良くなかった気がして、それ以来あまり飲んでいなかった。しかし、たまたまニッカのシードルを見つけて、これならおいしいのではないかと思い買ってみたら大当たり。今ではビールよりシードルの方がよく飲んでいる。あっさりしていて、甘さもそこまで邪魔をしてこないため、ご飯のときに飲んでも違和感がない。

　あとはラコンブリッコラ。これはサイゼリヤにしては高級で、500 ml のボトルで 2000 円程だったと記憶している。デザートワインに分類されている。葡萄が原料なのは勿論のことなのだが、その葡萄を陰干しすることで糖度を上げる、パッシートという製法が取られていて、デザートワインに相応しく本当に甘い。飲んだ感じは甘いからか重いが、舌触りはとても滑らかだ。ただ、干し葡萄だからなのかは分からないが、少し香りがシナモンのように感じられた気がする。ちなみに、グラスでも販売しているため、量が飲めない方には安心だ。

---

*27 蓋が閉められるから便利。
*28 褒めてるのか？

4.6 ご当地

それから、ご当地の物にも触れておきたい。

まずはクラフトチューハイ。これは勿論宝酒造のクラフトチューハイをおすすめする。寶CRAFT という名称で販売されていて初めてその存在を認識したのは、山梨に日帰りで出かけたときだ。土産物店を物色していると、目に入ったのはチューハイ。山梨ということで桃味だったのだが、調べてみるとなんと全国にたくさん種類があるらしく、それからどこかに出かける度にチューハイを買って帰るようになった。勿論土地によっては名産の果物が被っていることもあるから、例えばレモン一つを取っても数種類ある訳で、普通はそんなに味が変わらないだろうと思われがちだが、しっかり味がそれぞれ違うのがまた凄いところだ。私が好きなのは、白ワインが使われていることで少しドライな味わいになっている山梨のもも、みかんピューレが使われている愛知蒲郡みかんだ。都内ではお酒を専門に取り扱う、カクヤスで数種類購入できるが、現地でしか買えないものもあるので、是非お出かけの際にはチェックしてほしい。

一旦番外編として、ご当地サイダーの話をどうしてもしたい。これ、本当にウォッカを混ぜてみるとおいしくてだな（小声）。たかがサイダーと思うかもしれないが、様々な色のものがあったり、味も飲んでみると全然違ったりするので、もし見かけた際には是非手に取ってほしい。まあ、中には奇抜というか、独特でお世辞にも飲みやすい、おいしいとは言いにくいものもあるのだが……。私のおすすめは、二つある。

まず一つは、青の洞窟サイダー。北海道の岩部海岸という所にある、船でしか行くことのできない洞窟が、水が真っ青に見え、かつ神秘的ということでとても綺麗なのだが[29]、その洞窟をイメージしたもののようだ。これは、洞窟のように綺麗な青で色付けされていて、海を連想させるように津軽海峡の塩が使われているのもポイントだ。これはインターネットで買うのが確実だろう。

次は指宿温泉サイダー。こちらも指宿には行ったことがないが、ロフトかどこかで売っているのを見かけて買った記憶がある。かつて東洋のハワイとも言われた指宿だが、それを想起させられるようなラベルがお気に入りだ。ほんのりした甘さが特徴の昔ながらのサイダーだが、昔から水源保護に力を入れていたという、薩摩の南端の湧き水が使われており、品質はとても良い。これは有楽町にある鹿児島県のアンテナショップ、かごしま遊楽館での購入がおすすめだ。

話をお酒に戻して、次はクラフトビール。おすすめしたいのは、流氷ドラフト、COEDO瑠璃、湘南ビール、王林ペールエールだ。

---

[29] 行ったことは無い。

10

流氷ドラフトは網走ビールが生産しており、発泡酒に分類されるものではあるのだが、刑務所や流氷で有名な網走の発祥だ。そして、まさに流氷が仕込み用水として使われているお酒なのだ。缶も雪、流氷、海を前面に押し出すようなデザインで、捕鯨基地らしくクジラのイラストも描かれており、デザインという点でも気に入っている。また、天然色素のクチナシで色付けられており、青いのが特徴である。肝心の味だが、飲み始めはさっぱりとしている印象を受けるが、後半は苦みが出てくるため、ビール感が感じられる。しかし、ベースがフルーティーに仕上がっていることもあってか、アルコール感や飲みにくさというのは全くなく、むしろ飲みやすいため、特にこれからの時期に適している。ちなみに、東京都内で販売しているのをめったに見かけないが、スーパーマーケットの「いなげや」で販売されていることが多い。

COEDO 瑠璃は、川越にあるコエドブルワリーという所の製造で、さつまいものピルスナービールだ。ピルスナーはビールの王道で、ホップが苦いながらも香りも良く、そのバランスがとても良いのが特徴だ。このビールも、そういった特徴がよく表れていて、とてもおいしい。それに加えて、色が透き通った黄金で、泡も柔らかく、飲みやすいという特徴がある。また、この COEDO のシリーズは、日本の伝統色をあしらっており、他のビールと比べても落ち着いた印象で高級感のあるデザインをしているため、贈り物にも良いのではないだろうか。

湘南ビールは、明治の時代に創業した、熊澤酒造が製造している。丹沢山の水を使用していて、無ろ過・非加熱処理をすることで、フレッシュに仕上げている。ピルスナー、アルト*30、ハーブ、スパイス*31、フルーツビア*32など、飽きの来ないラインナップとなっている。私のおすすめはシュバルツ。ドイツ語で「黒」を意味する、バイエルン地方発祥のビールで、ローストモルトがとても香ばしい。また、湘南ビールはラベルが独特なのも特徴で、湘南らしく烏帽子岩のイラストが使われていたり、はたまた女性の裸体のイラストだったり、瓶を集めてみても楽しいかもしれない。

次は王林ペールエール。私の地元である福島県の半田銀山ブルワリー*33で作られているのだが、恥ずかしいことに上京してから知った。というのも、私は上京してきてから3年目なのだが、このブルワリーが醸造を開始したのが 2020 年。比較的新しいのだ。特徴

---

*30 英語で old のことで、貯蔵工程で熟成する方法が行われるようになるよりも前から作られているため、こういった呼び名が付いた。

*31 ハーブビールとスパイスビールを同値と見ることが多く、ハーブやスパイスを漬け込むことで、風味をつけたビールのこと。熟成や完成など、比較的工程の後半で風味をつける。種類は多様で、製品によって大きく異なる。

*32 醸造の途中でフルーツやフルーツシロップを入れることが特徴のビール。

*33 半田銀山は、かつては佐渡金山、石見銀山と並ぶほどの鉱山だったそうだ。確か一般に開放はされていなかった記憶がある。

としては、紫蘇、桜餅をコンセプトにしていたり、珈琲を使っていたりと他ではあまり見ないようなものがあることだ。ただ、今回は桑折町発祥の林檎、王林を使用したペールエールをおすすめしたい。林檎果汁を使っているビールというのはあまり他で聞かないと思うが、色もリンゴジュースのように透き通った金色で、味もしっかり林檎の味がする。非常に飲みやすく、朝食に良い[*34]。オンラインショップで入手が可能だ。

ちなみに、今回私はジンについて一切言及しなかった[*35]のだが、以前ビーフィーター[*36]を飲んだときに、なんか変な味がする、と思ってそれ以来飲んでいないのだ。何せ私はハーブやパクチーなどの、なんというか、いわゆる草が苦手であるため、たとえ製品の中に入っていなかったとしても、少しでもそういった物の風味に似たものが感じられるともうだめなのだ。これに関しては、もし私でも飲めそうなものがあれば是非教えていただきたい。

5　若者としてちょっと語ってみる

ここまで散々お酒の良い点ばかり挙げてきたが、私は皆さんに楽しくお酒を飲んでもらうためにも、今一度注意点やリスクにも目を向けるべきだと考え、このような章を設けた。寧ろ、ここに書くものが最も伝えたいことかもしれない。

まずは、中年以上の年齢層の人たちについてである。この世代は、何かと若者に反感を買われがちで、少々可哀想だと思うこともあるものの、実際、何かと昔話ばかりしがちで、面倒なこともある。自分たちの経験を若い世代に伝えていく、というのは過去を省み、今後に生かしていくためにも必要なことだというのは分かっているのだが、それと同じ部類として、お酒に関して無茶な飲み方そのものや失敗を笑い話にしてしまう人があまりに多く、個人的にはありえないことだと思っている。全く笑えない。よく「今となっては笑い話だよね」なんて言うこともあるだろうが、一歩間違えれば人命が脅かされかねない出来事に関して、若者に対して注意を促す訳でもなく、それどころか「あの頃はいい時代だった」などと言うのは甚だ遺憾である。私が歌謡曲や古いドラマなどを好きだからかもしれないが、自分の好きなもので溢れている時代を、「みんなルール違反をするのが当たり前だった」なんて言ってほしくない。それに、もしかしたら、社会とはそういうものなのだな、上司に逆らうのは失礼かもしれない、と勧められるがままに無理に飲んでしまう若者もいるかもしれない。そういったことを考えると、寧ろ、「こんなことはあってはならな

[*34] さすがに休みの日にしかそんなことしたことないよ。

[*35] それを言うならウォッカについても触れていない気もするが、おいしくないウォッカに出会ったことが無いため割愛する。

[*36] 赤い兵隊のラベルで有名。

いのに自分たちはその場の勢いで失敗してしまった」くらいの神妙な面持ちで語るべきなのではないだろうか。今一度、老害と言われてしまう行いをしていないかどうか、振り返ってほしい。

次に、若者がその場のノリで飲みすぎることについてだ。よくお酒を買う場所として挙げた、ドン・キホーテが顕著だと勝手に認識しているのだが、お酒をパーティーグッズとして販売している例を見かけたことがある、と言う人は少なくないのではないだろうか。新規の顧客を得たい、というのは企業であればどこでも思うことだし、特に近年は若者のお酒の消費量が年々減少傾向にあるそうだから、何ら珍しいことではないのだが、ノリで飲ませようとするのはあまり好きではない。

そして、店舗の商品の勧め方はまだ良いとして、私が怖いと思ったのは飲み会がメインのサークル、いわゆる「飲みサー」である。某私立大学での性加害事件がもっとも有名な例かもしれない。もちろんサークルということでメンバーのほとんどが、お酒が飲めるようになって間もない若者なわけだが、この事件はまさに未熟な若者が調子に乗ってお酒を飲んでしまうことがどれだけ良くないかが分かる例としては、皮肉なことにちょうど良いのではないだろうか。中には未成年にお酒を飲ませる事例もあるということで、私としては、やはりしっかりと運営がされているかどうかという点で、大人の目が届きやすい大学に認定されたサークル、何らかの活動実績のあるサークルに入るのが間違いないのではないかと思う。実際、同世代の人たちと何かイベントを楽しむというのは思い出作りには良いかもしれないが、どこまで自分のためになるかは甚だ疑問である。

それから、学校などの教育現場における注意喚起についても言及したい。これは私が以前から思っていることで、性教育、薬物犯罪防止、いじめ問題などにも共通して言えることだが、あまりにも注意が緩過ぎるのではないかということだ。勿論、学校にいる時間は限られているため、教育課程を決められた期間で終えるためにも、一般常識的なことにはそこまで時間を割けないことも重々承知しているし、自分の子どもは大丈夫だ、と家庭での教育を怠ったり、特に性教育に関しては、知らないと大変なことになるのにもかかわらず、恥ずかしい話題として話題を避けたりする親がいるなど、世の中であまりにもこれらのことがきちんと教育できている家庭が少ないのも問題だ。

ただ、子供は家庭など学校以外の場所にも学びのネタがあるとは思いにくいものであり、学びのフィールドの重きを学校に置きがちであるというのは社会のシステム上当たり前なことで[*37]、それを考えると、やはり学校の先生の言葉というのは、どんな物でも子供に影響を与えてしまうものなのである。よって、もっと先生が強い言葉で注意喚起したら良いのではないだろうか。とはいえ、大学の教職科目の先生に対して思うことだが、どう

[*37] 中には学校で習ったことしかほとんど知らないとか、ふざけたことを言う人もいるくらいなのだから。

13

いった立場なのかによって[*38]、本気度が違うというか、先生によっては口調や言い回しなど、講義の内容が他人事に聞こえる事があるのはいただけない。

　現状、前々段落でも言及したような事柄に関しては、子供が自身専用のスマートフォンなどのデバイスを使うようになったり、同級生から情報を得たりすることで、大人からの教えを受ける前に、独自に知識を身に着けるというパターンが非常に多いように感じている。恐らく本来は正しい知識を身に着けたうえで後のことは自己責任で他者に迷惑をかけないように自分の中で消化すればよいはずが、こういったことがあることで順番が逆転し、自分でインターネットで見たものこそが正しいんだ、と誤った認識のまま成長してしまうから、後々他者との認識の違いが浮き彫りになり、平気で犯罪を犯す事も多い。

　私は、別に子供が独自に何らかの知識を得る事に関しては否定するつもりはない。ただし、その知識をどう使うか、それは道を外さないように大人が先導するよりも良いことは無いと考えている。

6　終わりに

　人には、どうしても自分にとって無くなってしまうと不都合なもの、例えばお酒のような嗜好品、推し、場所でも何でもよいが、そういったものの良い面しか見ないという悪い癖がある。勿論、好きなものの悪口を言いたくないのは当たり前だが、しかしながら、何事も反対意見がないと成長できない、どこかでうまく行かなくなってしまうというように世界はできている。

　なぜこんなことを言うのかというと、これはお酒の話とは関係なく、推しに関連する話なのだが、自分の推しや推しの周辺への肯定的な意見にばかり触れてきたせいで、自分にとって都合の良い話しか採択しないようになってしまい、明らかに肯定すべきではないことが起きても、反対意見を言う人を攻撃するようになるなど、冷静な判断ができなくなった人を見てきたからである。私は、意見が異なることを理由に他者と議論になることは大いに歓迎したいと考えている立場であり、むしろ全肯定することは嫌いである。ごますりも苦手だし。

　この本についても、「お酒は素晴らしい」という立場からのみ語ることもできた訳だが、残念ながら前述の通り、全肯定が嫌いなのだ。その危うさを知っているから。みなさんも、くれぐれも批判的な思考ができなくならないようにしていただきたい[*39]。

　私の肝臓が今後も末永く機能してくれることを願って、この本を終わりとする。

[*38] 例えば専任の先生なのか、外部から来ている先生なのかなど。

[*39] ということで、みんな、私も寄稿しているので是非『両論併記された本』も読んでね！

参考：登場した酒関連の URL

- ハイネケン：https://www.heineken.com/jp/ja/home
- バドワイザー：https://www.budweiser.jp
- BREWDOG：https://www.brewdog.jp/lineup/
- リンデマンス：https://mitsuifoods.co.jp/mfp/import/lindemans/
- サイゼリヤ：https://www.saizeriya.co.jp
- MARTINI：https://www.martini-jp.com
- 甲府ロゼスパークリング：https://www.kofu-sangyo.jp/product/food/rose-14
- 富士山麓：http://www.fujisanroku.jp
- ルジェ：https://www.suntory.co.jp/wnb/lejay/lineup/?btl=12
- スミノフ：https://www.smirnoff-time.com/product/
- シードル：https://www.asahibeer.co.jp/products/wine/brand/nikka/JNA4N.html
- 宝酒造クラフトチューハイ：https://www.takarashuzo.co.jp/products/soft_alcohol/takara_craft/
- 青の洞窟サイダー：https://iwabecruise.com/diary/blue-grotto-cider/
- 指宿温泉サイダー：https://www.tomomasu.co.jp/reading/ibusuki
- 流氷ドラフト：https://www.takahasi.co.jp/beer/list/detail/ryuhyo_draft.php
- COEDO：https://coedobrewery.com
- 湘南ビール：https://www.kumazawa.jp/sake-beer/shonan-beer/
- 半田銀山：https://www.uwamachi-cheers.com/%E5%8D%8A%E7%94%B0%E9%8A%80%E5%B1%B1%E3%83%96%E3%83%AB%E3%83%AF%E3%83%AA%E3%83%BC
- 酒千蔵野：http://www.shusen.jp/index.shtml
- 健康日本 21（アルコール）：https://www.mhlw.go.jp/www1/topics/kenko21_11/b5.html

はたちがかたるさけのほん
20 歳が語る酒の本

2023 年 8 月 13 日 初版 発行

著 者	きょう （きょう）
発行者	星野 香奈 （ほしの かな）
発行所	同人集合 暗黒通信団 （https://ankokudan.org/d/）
	〒277-8691 千葉県柏局私書箱 54 号 D 係
本 体	200 円 / ISBN978-4-87310-266-5 C0076

Σ∞ 乱丁・落丁が見えた方は酔いすぎです。